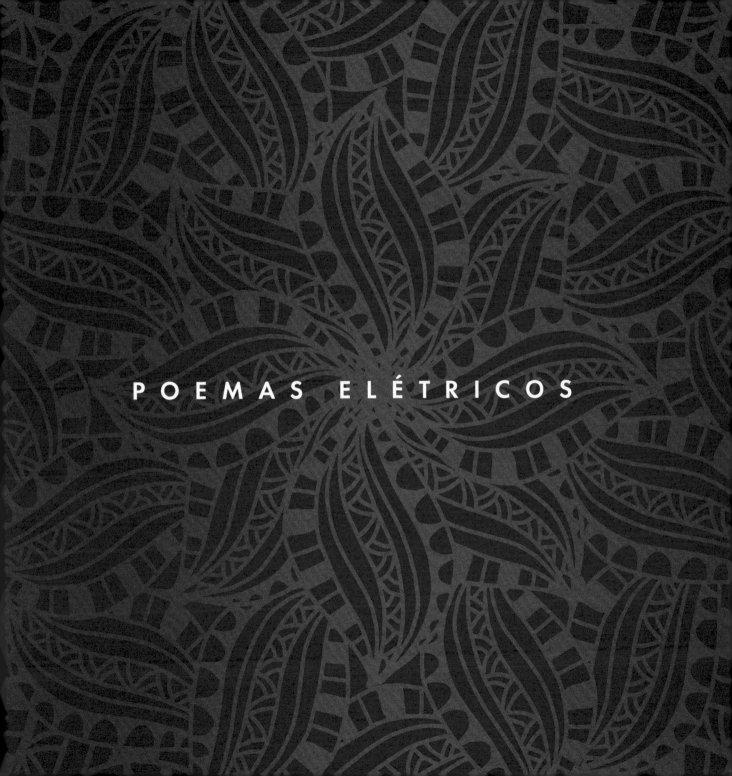

DARKLOVE.

ELECTRIC ARCHES
Copyright © Eve L. Ewing, 2017
Todos os direitos reservados.

Ilustração de capa © "Garden of Lost Things",
de Brianna McCarthy
Projeto de capa original © Brett Neimann

Tradução para a língua portuguesa
© Nina Rizzi, 2024

Diretor Editorial
Christiano Menezes

Diretor Comercial
Chico de Assis

Diretor de Novos Negócios
Marcel Souto Maior

Diretor de Mkt e Operações
Mike Ribera

Diretora de Estratégia Editorial
Raquel Moritz

Gerente Comercial
Fernando Madeira

Gerente de Marca
Arthur Moraes

Gerente Editorial
Marcia Heloisa

Editora
Nilsen Silva

Adap. de Capa e Miolo
Retina 78

Coordenador de Arte
Eldon Oliveira

Coordenador de Diagramação
Sergio Chaves

Preparação
Jade Medeiros

Revisão
Caduá Editorial
Retina Conteúdo

Finalização
Roberto Geronimo

Impressão e Acabamento
Ipsis Gráfica

DADOS INTERNACIONAIS DE CATALOGAÇÃO NA PUBLICAÇÃO (CIP)
Jéssica de Oliveira Molinari CRB-8/9852

Ewing, Eve L.
    Afrofutulírica / Eve L. Ewing ; tradução de Nina Rizzi. — Rio de Janeiro : DarkSide Books, 2024.
    112 p.

    ISBN: 978-65-5598-389-0
    Título original: Electric Arches

    1. Poesia norte-americana
    I. Título II. Rizzi, Nina

24-1487   CDD 811

Índice para catálogo sistemático:
1. Poesia norte-americana

[2024]
Todos os direitos desta edição reservados à
DarkSide® *Entretenimento* LTDA.
Rua General Roca, 935/504 — Tijuca
20521-071 — Rio de Janeiro — RJ — Brasil
www.darksidebooks.com

EVE L. EWING
AFROFUTULÍRICA
POEMAS ELÉTRICOS

Tradução
Nina Rizzi

DARKSIDE

para Leila

e

para todas as crianças da cidade incendiada

Sumário

Prefácio — XI
Nota de introdução — 1

histórias reais — 3

Anel decodificador secreto — 4
O Dia da Chegada — 5
a primeira vez [recontando] — 8
O Dispositivo — 9
Artefatos — 10
quatro meninos em Ellis [recontando] — 15
Sextina com a parca de Matthew Henson — 16
Histórias Reais de Koko Taylor — 18
de *Um Mapa para Casa* — 19
outra vez [recontando] — 20
Bilhete de LeBron James pra LeBron James — 21
Trechos de uma entrevista com Metta World Peace, também conhecido como Ron Artest, também conhecido como o Amigo do Panda — 23
como cheguei aqui — 24

óleo e água — 27

Manifesto da Manteiga de Karité — 28
macieira — 29
pensei que fosse uma aranha — 33
o que quero dizer quando digo que estou afiando minha faca de abrir ostras — 34
para Stacey, como você era — 36
por que você não pode encostar no meu cabelo — 37
Ode ao Óleo Capilar Luster's Pink — 38

mil e uma maneiras de tocar seu próprio rosto	39
pro moleque do caderno	42
Quinta de manhã, rua Newbury	44

postais das planícies 49

Ao Prince	51
História de Origem	53
soneto	55
Chicago é um coro de cães latindo	56
no salão	59
montagem num carro.	61
O Discount Megamall (in memoriam)	62
eu venho da cidade incendiada.	63
Um Corre na Boca: Um Poema em Cinco Atos	64
a hora e a vez de Marilyn Mosby	67
Hospital Columbus	69
Écfrase, partes II-V	70
Do que Estou Falando Quando Falo do Jesus Negro	74
No trabalho com o meu pai	78
Avenida Fullerton	80
terça-feira	85
Réquiem para a Quinta Aula e as Coisas que Aconteceram Depois	86
antielegia sem título	89
Afirmação	90

Prefácio

Soube que tinha sido capturada pela coletânea de estreia de Eve Ewing quando me peguei chorando — meu espírito, no entanto, também ria — depois de ler "a primeira vez [recontando]". Acabei compartilhando com o meu marido histórias sobre as primeiras, ou as piores, situações em que enfrentamos o racismo de estranhos. O trabalho de Ewing me lembra dos motivos pelos quais comecei a escrever: a busca por expressão ou fuga que pudesse aliviar as arestas afiadas da minha vida. Eu também andei de bicicleta voadora.

Poetas preenchem espaços que outros tipos de narrativas nem sempre alcançam — memórias de infância, a dor do racismo, um sentido profundo de lugar e perda. A poesia de Ewing é honesta, evocativa, surpreendente e, de alguma forma, ainda mais real em suas fugas para o mágico. Essas peças brilham com urgência, verdade e vestígios poderosos da infância. As artes especulativas negras — ficção científica, fantasia, terror, realismo mágico — estão ganhando mais atenção por sua capacidade de nos mostrar o que é de fato real, o que importa no presente. O trabalho de Ewing se encaixa perfeitamente numa comunidade crescente de escritoras e escritores que nos guiam na direção de sonhos futuros e vislumbres de magia.

Afrofutulírica é uma teia na qual ficamos felizes em nos prender. Este livro é maravilhoso.

Tananarive Due

Nota de introdução

Quando eu era pequena, tinha permissão para andar de bicicleta de uma ponta a outra da rua, porque assim minha mãe poderia me ver da calçada. Chicago é muito plana, então, quando você está do lado de fora e olha para a rua, pode ver praticamente o fim do planeta. De qualquer forma, enquanto andava de bicicleta, narrava, na minha cabeça, todas as minhas aventuras. Imaginava estar atirando flechas, explorando masmorras, resolvendo mistérios. Foi assim que minha rua se tornou o pano de fundo de possibilidades infinitas, mesmo que a realidade do asfalto rachado, da parede de tijolos diante da nossa janela e das gangues parecesse restringir essa possibilidade. O espaço em minha cabeça era tão material para mim quanto a sujeira sob meus pés.

Este livro é sobre minha vida e talvez também sobre a sua vida. E é sobre os lugares que inventamos. Cada história é absolutamente verdadeira. Algumas histórias são do passado e algumas são do futuro. No futuro, todas as crianças em Chicago terão comida e um lugar seguro para dormir, e as mães rirão o dia inteiro, tomando picolés. Todo Quatro de Julho terá muitos fogos de artifício, não haverá disparos de armas, nem mesmo da polícia, porque, nesse futuro, não existe polícia, e quando você vai ao centro da cidade e contempla o céu, os arcos elétricos se estendem tão altos que você sente que pode ser a menor e também a mais importante criatura que já nasceu.

Obrigada pela leitura. Agradeço a companhia.

e.e.

AFROFUTULÍRICA
histórias reais

SENSACIONAL! IMPRESSIONANTE! QUE NOVIDADE!

O QUE ESTÃO DIZENDO?

O Dia da Chegada

Revolucionários negros não caem da lua.
Somos criados por nossas condições.
— Assata Shakur

aconteceu na calada da noite ou de madrugada, de toda forma, bem cedinho
depende a quem se pergunta. a hora em que as máquinas
pararam de funcionar. quando o padeiro chegou e destrancou
a porta. os cabos desceram, silenciosos e cor de carvão,
foscos e deslizantes. atingindo a terra e se enrolando ao pé
de uma árvore, ao banco do ponto de ônibus, em cima de um
monte de bitucas de cigarros na frente do centro de diálise. depois,
quando os caras da NASA procuraram imagens da chegada
— com certeza alguma câmera de segurança nalgum estacionamento,
nalgum lugar da América...? ,— naquela hora deu um branco
total, em todo canto, pane geral, como se todos eles
tivessem um ímã pra cada batida de coração, suas veias murmurando
queima o arquivo, queima o arquivo, até zerar as fitas.

nos anos anteriores, quando homens odiosos avisaram sobre a chegada,
esmagando latas de alumínio com as mãos enquanto seus
amigos atiravam dardos ou amarravam iscas em canoas,
falaram apenas de escuridão. "seus olhos estarão sujos", disseram os homens,
"e vão cobrir as janelas com piche nos lugares onde
falamos com deus. vão prender nossas filhas que
voltarão para nós aos trapos, carregando bebês encobertos de lama e
pedindo um quarto para dormir". os homens odiosos e suas
esposas usavam óculos de leitura e bebiam chá de canela

nos dias em que escreveram cartas uns para os outros sobre
como essas pessoas que viriam roubariam, como adorariam
o som de ranger dentes em vez de música de verdade,
como as garotas eram gananciosas e lascivas e
não sentiam dor, mas faziam um barulho interminável, e como os pequenos
poderiam te enganar, porque parecem crianças, mas sua pele era mercúrio
e não podiam ser mortos por tiros, então não caia nessa.
eles escreveram suas cartas em vidro, plástico e metal.
disseram "eles estão vindo e vão pintar tudo de preto".

e quando o povo da lua chegou, ninguém sabia o que dizer a eles.
e este povo não pôde ser capturado. lentes de câmeras que
olhavam para eles se transformavam em sal e deixavam rastros brancos nas
pálpebras de quem olhava. e o povo da lua estava vestido com
todas as cores. usavam amarelo açafrão e verde do cigarro Kool e
vermelho argila da Geórgia e usavam violeta, usavam violeta. e eram
barulhentas, barulhentos. enquanto suas mãos trabalhavam, martelando o ferro das
grades das celas de prisões e forjando lindos cachos e correias de bicicletas,
quebrando as catracas nas estações de trem que agora eram sinos de vento
se curvando para os passageiros quando entravam — alguns desfilando
pelas roletas, alguns as deixando cair enquanto passavam por baixo.
eles cantavam. o povo da lua estava ouvindo todo esse tempo e
sabia tudo de Sam Cooke e Aretha Franklin e Mahalia
Jackson e Marvin Gaye e Missy Elliott, e eles cantavam enquanto
quebravam uma garrafa nas viaturas — uma garrafa de Hennessy ou
uma Coca-Cola ou um suco verde, o que estivesse perto o bastante para dizer "isso
aqui é batizado como uma coisa nova". e eles dirigiram pela minha rua
e pela sua rua e pela sua rua, os pneus pintados parecendo discos de vinil,
e as crianças amarraram fios e fitas nos limpadores de para-brisas,
e o povo da lua os colocou assim bem alto enquanto dirigiam, as cores

ondulavam à luz do sol, que agora fluía tão abertamente
na varanda onde me sentei esfregando a corrente enferrujada do balanço e pensando
na grama quando o moleque desceu pela rua, o mesmo que eu levava
pra escola quando era menor e sua mãe ia trabalhar muito cedo, o picolé
de limão era o seu preferido, ia dançando da sua varanda até a quadra
de basquete à tarde, o mesmo que a polícia recentemente declarou um homem, abordando
sem motivos pra fazer perguntas que ele não conseguiu responder porque a próxima pergunta
era "por que você está vivo", e nenhum de nós pode dizer, o moleque, ele veio até mim,
subiu os degraus onde a tinta está descascando e se ajoelhou ao meu lado, e eu não
olhei nos olhos dele. em vez disso, olhei um vaga-lume, o primeiro do verão, pousar no seu ombro esquerdo e
pensei "aqui estão dois brilhantes", mas ele não percebeu,
só segurou minha mão e me disse "agora estamos livres". e eu não pude
acreditar que vivi para ver — a luz prometida finalmente desceu até nós.

a primeira vez [recontando]

Eu tinha seis anos de idade. Sei que devia ter seis anos porque andava sozinha numa bicicleta de duas rodas que meu pai me deu no meu sexto aniversário. Morávamos na rua Fletcher. Estava andando de bicicleta pra cima e pra baixo no quarteirão. Tinha permissão pra andar até o final da rua sozinha porque assim minha mãe ou qualquer pessoa poderia me encontrar se procurasse por mim. A velha senhora branca passava pela rua de vez em quando e às vezes ela era legal, às vezes era má. Ela tinha cabelos castanhos curtos e olhos pequenos. Sempre usava um casaco pesado. Desta vez, gritou comigo. "Sua neguinha! Você quase me atropelou com essa bicicleta! Volta para o seu bairro de crioulos como Jesse Jackson! Eu contei pra minha mãe, e ela me falou que a bicicleta voadora só deve ser usada nos fins de semana, mas tudo bem, posso usar só desta vez. Corri de volta lá pra fora, e a senhora ainda tava lá. Voei na minha bicicleta e comecei a pedalar ao redor dela fazendo pequenos círculos até que ficasse muito tonta tentando me olhar. Assim que ela começou a cair, eu a agarrei com a minha rede gigante e a levei pro lago. Eu ia afundá-la na água, mas me senti mal, então a deixei numa pedra e fui pra casa tomar um picolé.

O Dispositivo

Não era o tipo de coisa George Washington Carver, o negro genial utilizando um ferro de solda como se fosse uma varinha mágica e tchã! uma máquina miraculosa. Era um código aberto. Milhares de estudantes prodígios de feiras de ciências do ensino médio, este e aquele clube de engenharia desta e daquela faculdade técnica, aquela Uma Pessoa Negra de um monte de startups do Vale do Silício se reunindo com um bando de outras Uma Pessoa Negra tomando cerveja artesanal e programando até tarde da noite, até mesmo alguns funcionários do governo fazendo hora extra (ou assim dizem os boatos). Não apenas uma pessoa. Uma colmeia de nerds negros, tipos obsessivos, cientistas e inventores, mas também historiadores e arqueólogos e astrólogos diferentões aqui e ali. Projeto Delta Mãe, como chamavam (nome bobo, pra ser honesta, mas isso tanto faz).

Quando chegou a hora de virar a chave, os poéticos sentimentais encarregados da comunicação, da mídia e do simbolismo tiveram a ideia de que o mais jovem entre eles deveria fazê-lo. Ela ficou na frente do palco e parecia não se incomodar com a duração dos discursos, todo mundo querendo um momento no púlpito para dar uma bênção ou lembrar de camaradas que se foram ou derramar uma lágrima ou passar um pequeno vídeo que nunca era tão pequeno assim. Ela era desajeitada, uma aluna do quinto ano de Providence que tinha começado a aparecer nas reuniões da equipe de robótica do ensino médio quando o clube de ciências da própria escola fora cortado. Sua avó havia comprado um vestido especial para essa ocasião, ela não queria usar, mas também não queria magoar os sentimentos de vovó, então, como o babado todo engomado esfregava e fazia coçar a parte de trás de suas pernas, para se distrair, tentou contar as telhas do teto. Ela estava tão absorta, e os discursos eram tantos, que quase não ouviu

seu nome quando foi chamada. O homem de jaleco, cujo nome havia esquecido, acenou para ela em direção ao dispositivo, enquanto o público prestava reverência e aguardava. Os braços estavam todos no ar para fazer fotos e vídeos, e ela achou que parecia que afundariam quando saíssem do tobogã, o que a fez sorrir, o que fez todo mundo sorrir.

Ela parou diante da máquina. Que zumbia numa ressonância baixa, sentindo os dentes estranhos enquanto se aproximava do dispositivo. As dez mil luzes minúsculas desvaneciam e emergiam momentaneamente a cada poucos segundos, cintilando bravamente, embora estivesse iluminado dentro do teatro. Ela piscou os olhos e começou a cantarolar baixinho.

O homem de jaleco a examinou observando o dispositivo. Depois de tantas noites com essa coisa grandalhona, vê-la à luz do dia o fez estalar a língua. Este dia não era uma revelação radiante. Ninguém ofegaria com a dimensão dos bolsões e interfaces de usuário testadas cuidadosamente. O dispositivo era uma miscelânea deselegante, um reflexo das mãos que o fizeram. Pedaços e peças se destacavam de fendas onde deveriam estar escondidos — arame, cacos de PVC serrados às pressas, um pedaço estranho de fita adesiva. Parecia que em cem anos poderia ser algo encontrado à venda num ferro-velho. Mas, é lógico, ele se perguntou se isso não seria um sucesso. Afinal, o dispositivo não deveria ser tão comum e banal a ponto de deixar de ser mágico e passar a fazer parte da vida cotidiana de pessoas negras normais em todo o país? Não era esse o sonho? Ele inclinou a cabeça de leve, como se isso pudesse lhe mostrar um novo ângulo da coisa toda — exatamente quando a garota estendeu a mão para o interruptor.

Naquela fração de segundo, ele se deu conta pela primeira vez que a máquina poderia ser perigosa. Que sua filha ter feito isso era simbólico, é óbvio, e também muito, muito estúpido. Este foi o pensamento que passou pela sua cabeça quando luzes piscavam dentro da sala, e começou a entrar em pânico. O dispositivo iria explodir e matar todo mundo, e a garota seria a primeira a morrer, e ele viveria apenas o tempo suficiente para ver isso acontecer.

Mas não. Aqueles eram flashes. De mil jornalistas, uns oficiais, outros nem tanto, captando o momento em que a garota ativou o dispositivo. Que rugiu para a vida, suas ventoinhas de resfriamento interno zumbindo furiosamente, as luzes piscando cada vez mais rápido. As pessoas na plateia começaram a chorar. Um homem, o pastor que havia liderado uma apresentação estrondosa do hino nacional negro "Lift Every Voice", desmaiou. A garota permaneceu muito calma. Tinha lido o manual muitas vezes.

"Olá", ela disse. Sua voz falhou, ela limpou a garganta e repetiu, desta vez em voz alta. "Olá!" Todo mundo no teatro ficou em silêncio. Esperando.

Os alto-falantes do dispositivo começaram a ruidar, como o som de um telefone quando o vento sopra no bocal. E então o som tornou-se alto e nítido. Quase alto demais. O homem de jaleco tapou as orelhas. "Olá? Quem — Senhor, como orei por este dia! Sabia que encontraria minha oferenda, assim como a de minha irmã Willa. Se o senhor apenas guiar meus passos, serei fiel."

O homem de jaleco olhou com olhos arregalados para a garota. Ele começou a gesticular freneticamente, mas a garota apenas balançou a cabeça, imperturbada, e puxou um pedaço de papel dobrado do bolso do vestido. Ela havia ensaiado para isso. Enquanto o público olhava com admiração, ela falou, lenta e refletidamente. A maior parte memorizada, mas olhava para o papel a cada poucos segundos para não se perder.

"Olá. Por favor, fiquem calmos. Isso não é Deus, nem um sonho, e vocês não estão ficando malucos. Estou falando com vocês de muitos anos no futuro." Ela engoliu em seco uma vez e continuou. "Estou usando um dispositivo construído pelas pessoas racializadas deste país." Ela achou engraçado falar *racializadas*, mas o pessoal da história dizia que seria melhor assim. "Como vocês sabem, fomos sequestrados de nossa terra natal e trazidos para cá. Passamos muitas dificuldades, e nossas famílias foram feridas e separadas. Não somos escravizados. Mas enfrentamos desafios. Precisamos da ajuda de nossos ancestrais, mas vocês estavam perdidos para nós. Então trabalhamos muito e fizemos essa máquina especial para falar com vocês mentalmente, mesmo que estejamos distantes. É como gritar sobre um rio." Os poetas acrescentaram essa parte, e não fazia muito sentido quando ela ensaiou essa frase pela primeira vez, mas agora parecia correto. "Eu sou sua tataraneta. Sou a primeira na história a usar este dispositivo. Pessoas de todos os lugares estão aqui comigo, observando. Temos muitas perguntas para vocês. E outros usarão o dispositivo para falar com seus ancestrais também. Então, vovó, minha primeira pergunta é..."

Ela olhou para o papel para ler com precisão.

"Que palavras você pode nos ofertar para nos ajudar a ser livres como pessoas negras num mundo que não nos ama?"

A garota olhou para o dispositivo como se um rosto pudesse aparecer entre o plástico e o metal, depois engoliu em seco, dobrou o papel num retângulo suado e o enfiou de volta no bolso. Ela se virou para o público, olhando-os como se fosse a primeira vez. O dispositivo estava estalando e sussurrando e zumbindo e tremendo, e as pessoas também. Estavam descalças e com os pés apoiados nas poltronas do auditório, balançando pra frente e pra trás como bebês. Elas choravam. Sorriam. Rabiscavam em cadernos e tiravam uma fotografia depois da outra. Roíam as unhas. Agarravam os ombros umas das outras, segurando umas às outras enquanto esperavam. E esperavam. O homem de jaleco estava sentado de pernas cruzadas no palco, encostado no púlpito, como se estivesse sozinho em sua sala de estar, e olhou a garota boquiaberto. Ela se voltou para o dispositivo, pensando se a conexão havia sido perdida.

"Vov...", ela começou. Mas o som do dispositivo a interrompeu, ecoando pelo auditório, saltando nos tijolos e gesso e ricocheteando pelos ouvidos de todo mundo. Foi uma enxurrada de risada. Começaram roucas e ásperas, e então se desdobraram em repiques e suspiros retumbantes, soando e ressoando cada vez mais alto. O dispositivo estalou e brilhou e começou a ficar quente, a fita se enrolando, e o cheiro de plástico derretido saindo das aberturas traseiras, e o público ofegou, e a mulher em algum lugar na América, algum dia na América, ria e ria e ria. E a garota colocou as mãos nas próprias bochechas e sentiu seu calor, e a mulher ria. E as luzes do auditório começaram a piscar e a se apagar, e a mulher ainda ria. Ela ria, ria e ria.

quatro meninos em Ellis [recontando]

Quando estava entrando no carro, vi as luzes das sirenes piscando e os quatro sentados na calçada. A polícia de Chicago estava na cola deles, e a polícia da universidade estava olhando. Dirigi até lá, parei ao lado e perguntei o que estava acontecendo, se seus pais tinham sido chamados e informados de que estavam sendo interrogados. Suas cabeças estavam abaixadas. Um policial me disse que o mais novo tinha nove anos. Que eram suspeitos de roubar um telefone. Perguntei se estavam sendo presos ou se o protocolo legal era interrogá-los sem a presença de um adulto. Outro policial começou a gritar comigo, parando ao lado do meu carro e gritando pela janela. Ele me disse para ir embora. Eu não iria.

Estacionei o carro e fechei os olhos. Me concentrei muito, imaginando os meninos em casa, comendo cereal e assistindo Naruto. Quando os abri, a polícia estava gritando e pulando no ar, agarrando só os cadarços dos meninos enquanto eles flutuavam pela noite clara. As bicicletas subiram também, e eles conseguiram pedalar no ar, o que foi impressionante. Eles parecem ter esquecido a polícia e nem me notaram, só ficaram se olhando, sorrindo e cantando enquanto voavam.

Sextina com a parca de Matthew Henson

Eu estava lendo poemas numa pequena cidade longe de casa,
num museu de taxidermia e curiosidades:
um coiote, uma réplica da deusa de Samotrácia conhecida como Vitória.
O ar-condicionado transformou minhas mãos em puro gelo.
Safia estava lá, e Hanif e Jayson, vestidos de preto.
Eu estava grata por eles me protegerem da solidão.

Todo mundo da cidade parecia estar um pouco solitário.
As crianças só falavam em fugir de casa.
Elas cantaram canções tristes e pintaram as unhas de preto
e nos perguntaram de um tudo, satisfazendo suas curiosidades
enquanto os sorrisos de seus pais eram escorregadios como gelo.
Sobreviver à essa primeira noite foi praticamente uma vitória.

Na TV naquela semana, as pretinhas acrobatas piruetaram à vitória.
Liguei para a casa do meu amor para ele não se sentir só.
Quando caminhávamos pelas ruas, comi algo com sabor de chá, era gelo,
e disse a mim mesma que isso nunca poderia ser minha casa.
Safia disse *Eles nos tratam como curiosidades*
quando o dono da loja exigiu saber por que éramos pretos.

O trabalho com a poesia não é diferente de ser preta.
Alguns dias não dá trabalho algum: só alívio, chuvas de vitória,
a plenitude da alegria e questionamentos e prazeres e curiosidades.
Noutros dias, você se pergunta se o exílio traria muita solidão
e descobre que não pode ser pior do que achar que não vai voltar para casa,
o medo de seus próprios dentes deslizando pelo gelo.

Viajava nisso enquanto lia em voz alta, quando pequenos halos difusos de gelo
começaram a se espalhar como raízes pelas vitrines. Jayson puxava seu casaco preto
apertando-o ainda mais em torno do corpo, e pensei em Chicago, minha casa
onde janeiro é tão frio que só respirar é uma garantia de vitória.
Ninguém mais parecia notar a neve soprando pela porta, e de repente senti tanta solidão.
Parei de ler e procurei um lugar para me esconder da multidão e de suas curiosidades.

Agora a nevasca estava firme, e o anfitrião bocejou, como se estivesse acostumado a essas bisbilhotices.
Pressionei minha mão na vidraça perto de mim, e ela começou a derreter sob minha palma, feito gelo.
Quando o vidro acabou, lá estava a parca, parecendo ensopada e na solidão.
Apertando os olhos na nevasca, eu a vesti. As luzes diminuíram, depois apagaram, a sala ficou um breu.
Caçando no bolso da parca, achei fósforos e risquei um. Queimar naquele vento foi uma pequena vitória.
Afastando o pelo do capuz da minha boca, chamei meus amigos na escuridão. *Vamos para casa.*

Demos as mãos e vimos os outros virando gelo, o corpo de cada um nebuloso e preto.
Olhei para eles, curiosa para saber por que não se mexiam. Talvez chamem teimosia de vitória.
Hanif disse *Esqueça*. De mãos dadas, nós quatro voltamos para casa, unidos pelo frio e solidão.

Histórias Reais de Koko Taylor

Koko Taylor se aproximou de John Henry
tirou o martelo da mão dele
e dobrou e torceu e fez um colar esplêndido
e o levou para jantar.

Koko Taylor tinha doze mil perucas.
Uma delas nunca usou. Ficava guardada em casa.
Era encantada, fiada em ouro e cheia de rubis,
e cantava para ela à noite com a voz de sua mãe.

Koko Taylor escreveu canções com uma caneta nanquim azul.
Koko Taylor escreveu rios com uma caneta nanquim azul.
Koko Taylor escreveu a ferrovia central de Illinois com uma esfográfica azul.
Simplesmente se ajoelhou na terra e a riscou.

Koko Taylor foi a *ghostwriter* de dezessete canções dos Beatles.
Koko Taylor foi a inventora da geladeira.
Koko Taylor sabia jogar xadrez com damas.
Koko Taylor assava pão de ló na palma da mão num piscar de olhos.

Koko Taylor voou de Memphis para Chicago numa jukebox.
A jukebox lhe concedeu três desejos.
Koko Taylor desejou um batom da cor que viu num sonho.
Ela desejou nascer de novo, sob um bom presságio.
Ela desejou uma jukebox ainda melhor.

EU QUERIA UM MAPA
NÃO PARA SABER
ONDE AS COISAS ESTÃO
MAS PARA SABER
ONDE ESTOU

outra vez
[recontando]

Caminhava pela Harvard Square, indo para uma reunião. Desci pela rua Brattle, e a mulher estava na frente de uma pizzaria que era muito boa. Quando passei, ela olhou para mim e fechou a cara de um jeito que seus olhos ficaram espremidos e seu nariz enrugado. "Argh! Sua crioula." *Antes que eu pudesse responder, ela foi possuída por um espírito poderoso e exuberante. Ela se levantou, e seu corpo começou a dançar contra sua vontade, esperneando, pulando e rodando aqui e ali, berrando, dando estrelinhas que faziam seus ossos rangerem e seu vestido virar do lado avesso, jogando as mãos para o céu e clamando por ninguém. Continuei caminhando.*

Bilhete de LeBron James pra LeBron James

Eu sabia que era você quando te vi no estacionamento,
fones no ouvido, esperando o Dru trazer o carro
e tentando não comer todas as batatas fritas antes de ele chegar,
as pontas de cada dedo de cada mão
cutucando a costura minúscula do cós do seu short.

Eu sabia que era você pelo jeito que sorria
quando viu como meus ombros se inclinavam,
como meu tríceps se sobressaía. Eu sabia que era você porque
você ainda não imaginava o que aconteceria depois:
os dias que fui ataque, defesa e gancho pra cada quadra onde botei os pés,
um homem impossível,
quando eu não era o drible de pernas, o passe rápido ou a enterrada:
eu era o cansaço, o obstáculo, o próprio garrafão.
Eu era a própria eliminatória. E você não
sabia disso ainda.

Sem nada para me proteger do sol,
eu chutava uns cascalhos pretos e pegajosos soltando do asfalto
enquanto você ficava de boa com seus tênis novos, em cima da calçada
onde o piche derretido não poderia sujá-los,
e nós dois querendo almoçar e meio distraídos com as mãos nos quadris
e ouvindo um avião passando lá no alto, o burburinho de um sábado,
e olhando para a estrada na direção de onde seria o Caminho de Portage,
não muito além dos carvalhos, mas nem pensávamos nisso mesmo,
eu não conseguia te dizer:

"Na hora do jogo, é preciso manter todo mundo colado em você,
Não importa o quão pesada, faminta ou feia a coisa possa ficar.
Você tem que guardar suas dores e esconder suas piores partes
e seus desejos de lata esmagados e suas coroas feitas de papel
e tudo que sempre quiseram pra você e pra eles mesmos
naquela mesma mochila com o fundo surrado onde você guarda
os seus desenhos e suas articulações esfoladas e o seu medo.
Guarde tudo como um segredo."

Eu não conseguia te dizer isso naquele momento.

Trechos de uma entrevista com Metta World Peace, também conhecido como Ron Artest, também conhecido como o Amigo do Panda

sim, eu sou a Tempestade Vermelha. é por isso que fiz seus olhos arderem.
é por isso que sua camisa tem essa cor agora.

Eu sou o próprio Queensbridge. eu sou o caminho de pedra sobre a água
de um monarca para o próximo,
trilhado por damas de companhia com rubis no lugar dos olhos.

porque a velha ordem mundial era um lixo. próxima pergunta?

175. 193. 167. 69. 298. 29.

uma cotovelada é só um braço dobrado com alguma ambição
e se você não aguenta, por que está jogando bola?

porque na década de 1920, pouco antes da crise,
eles sabiam o que a gente não sabia do chiado
das coisas, do zumbido das coisas, como captar o ruído
entre os ruídos, e aquela telepatia era real.
e isso chegava com a música deles,
você sabe o que quero dizer?
aquela música que toca pouco antes de você cair
e bater com tudo.

como cheguei aqui

1.
fugindo de uma guerra para o meu eu sagrado,
presa a um navio a vapor.

um dia a velha casa de fazenda virou fumaça,
mas hoje, primeiro, queimaram minhas córneas
ainda visíveis quando fecho meus olhos.
uma aura tangerina sem núcleo.

eu disse a eles que não lutaria.

2.
eles me despacharam do Mississippi
numa caixa metálica com gelo.

sinto o gosto de sal ao ver a madressilva,
recordando um pouco
a última gordura de bacon tocando
as costas da minha mão.

eu dancei, uma vez
do Alabama para o oeste
o cakewalk mais longo.

3.
eu montei numa mamangava.

4.
eu caí da sujeira.

5.
eu me disfarcei de pintora numa época de homens sem arte.

6.
eu lembro de cada bilhete que você escreveu para mim.

7.
quando todo dia você emerge da água mais fria que encontra
e não se importa em carregar sua bicicleta escadaria acima,

o anoitecer de julho é tão tardio
que você pode até esquecer de terminar o dia.

AFROFUTULÍRICA
óleo e água

Manifesto da Manteiga de Karité

Nós, o esquecido povo Delta,
o povo do leito seco do rio,
cabelos sempre chamando por chuva,
pele voltada para o céu desejando nuvens,
nós representamos o sangue.
Ajoelhamo-nos para água.
Para o óleo, nos deitamos,
dedos esparramados, como se desta forma
pudéssemos patinar pela argila amarela de tudo
como insetos na lagoa.

Assim está escrito:
cure-se, meu bem.
Com a árvore e o toque, com a cúrcuma.
Neste mundo, nada frágil prevalece,
por isso neste mundo, a gordura é um elogio,
não, é uma arma,
não, é um sonho que você teve, onde estava frio
e sua mãe, vendo a ameaça cinzenta em seus cotovelos
e sabendo que cinzas são a linguagem dos mortos
ajoelhou-se e colocou as mãos em seu rosto assim
e a ungiu, uma criança protegida, um ferro quente numa zona de gelo.
Lembre-se disso, e
não tema a abundância.
Ressuscite, reluzindo na sua história.
Brilhe.

macieira

[sobre a mulheridade negra, de e para Erykah Badu]

primeiro.

O ano em que *Baduizm* foi lançado
foi o mesmo que tive educação sexual na escola pela primeira vez.
Não foi do tipo com sentimentos ou avisos ou fotografias.
Mas aquela coisa com vocabulário de educação sexual,
com diagramas e borrões-roxos e linhas também.
Eu era muito ruim em lembrar quais palavras
combinavam com quais formas na página,
então aprendi na escola que meu corpo era uma planilha,
cheia de espaços em branco e formas misteriosas e ameaçadoras,
e o melhor que poderia desejar
era um alguém bem mais experiente do que eu
que saberia o que fazer com isso.

Quando eu voltava pra casa todo dia,
minha mãe estava ouvindo o CD no *repeat*.
Você começava e começava de novo,
Oh, what a day, e eu suspirava junto com você.
E foi a primeira vez que entendi que as bolhas de cera violeta em minhas entranhas
eram círculos fiados por dedos preguiçosos.
Tem um pequeno sol aí, você disse. Uma xícara de chá.
Tem uma pedra que se mexe por vontade própria,
traçando um caminho a cada dia da minha garganta
pra sola dos meus pés e subindo,
através dos músculos das minhas coxas,

pela minha espinha. É uma pedra sem Sísifo.
Aprendi que tudo a meu respeito poderia ser redondo e completo se eu deixasse,
que debaixo da minha pele tinha cifras de cantorias, risos e zumbidos,
pedras colocadas num labirinto que gira e gira em torno de si mesmo
aí quando você chega ao centro
você não tem escolha a não ser dar meia-volta e caminhar na direção contrária.
What a day, what a day.

segundo.

Um homem pode ser muitas coisas: um tarol,
ou um salgueiro com seus galhos se arrastando pra água lamacenta,
a casca branca de uma melancia, ou um fio puxado em suas meias,
ou o momento em que você vê seu nome
escrito meio escondido numa mesa na escola
e não foi você quem escreveu.

Mas você pode ser o seu próprio gin
e o seu melhor gole também.
Você pode fazer com ele uma nação e ainda ser soberana,
sua própria moeda de ouro e seu próprio comércio honesto.
Você pode tocar a mão dele
e ainda ser seus próprios dedos estalando
quando a própria armadilha não estalar.

terceiro.

Toda mulher negra é uma artista
versada na arte da lábia,
no jogo do sutil,
no dom de olhar assim de soslaio.

quarto.

Às vezes, ser uma artista significa andar mais rápido que todo mundo,
tirar suas roupas
como se o diabo tivesse te vestido com suas melhores ideias,
olhar pela janela por um longo tempo antes de perceber
que não tem vidro, e o vento tem machucado suas bochechas,
levar um tiro no coração mesmo quando dizem que você não tem coração,
pedir só alguma coisa de despedida
e nem receber grande coisa,
não importa se pediu com jeitinho ou não.

quinto.

deixa pra lá
deixa pra lá
deixa pra lá
deixa pra lá

sexto.

Se ele nunca te dá nada,
e quando digo *nada* —
não quero dizer sua pedra do signo.
não quero dizer bombons, mesmo —
quero dizer se ele não te dá um sorvete de casquinha,
quero dizer se ele não te dá nem tempo quando você precisa,
quero dizer se ele não acredita nos seus contos fantásticos, chama de absurdo,
então ele tem que cair fora.

Vou ser bem direta:
não há nada de errado em encontrar o êxtase na falência
ou no estilhaço.
Mas o que você tem que pedir é um lugar no banco do parque
onde todos os pedacinhos estão em todo canto,
e ele tem que te entregar o fundo de uma garrafa de Coca-Cola quebrada
como o melhor caleidoscópio,
e vocês tem que segurá-la juntos contra a luz
e observar as cores girarem e rolarem,
e isso é mais do que bom o bastante
até que vocês compartilhem os bombons.

sétimo:

Querida Erykah:
Quando eu estava em New Orleans e eram três da manhã,
e você ainda não tinha chegado,
e eu estava tão cansada, meus pés doíam tanto que não conseguia ficar em pé,
minha voz rouca de lutar pra decidir se deveria desistir e ir para casa,
eu fiquei mesmo assim.
me encostei num pilar de cimento como um saco de arroz esquecido,
fechando meus olhos e me perguntando se você já tinha sido assim — pesada
e vazia e além de tudo
com sapatos que você sabia que não deveria ter calçado.

Então, como um acorde de baixo numa sala silenciosa, lá estava você
desleixada e olhos arregalados, seis metros de altura,
numa camiseta vermelha com o rosto estampado de Harriet Tubman.
Sim — você se atreveu a trazer nossa Moisés para um clube lotado
como se dissesse:

mesmo que sua xará seja uma mulher
que quebrou os membros, que cagou pras regras,
você já está emancipada, pequena,
porque era sua macieira o tempo todo.
Era você, macieira, o tempo todo.

Eu vi isso na banheira

Pensei que fosse uma aranha mas

Era meu cabelo

o que quero dizer quando digo
que estou afiando minha faca de abrir ostras

quero dizer, estou aqui
para devorar todo o oceano que você pensava ser seu.
quero dizer, trouxe meu próprio pedaço de limão,
azedo e cheio de sementes. quero dizer, sou azeda.
sou uma semente ruim. sou uma coisa de cabo vermelho
e se você tirar os olhos de mim
vou cortar o local sensível onde seus dedos se encontram.

quero dizer, nunca conheci um prato de raiz-forte que não gostasse.
quero dizer, você é uma raiz feia e distorcida
e eu sou a pungente, firmeza picando por dentro.
quero dizer, fico tão bem com este chapéu
com uma pena
e sou uma pena
e sou a peso-pena mais pesada que você conhece.
quero dizer, você não pode soletrar nada que eu digo
com aquele seu triste vocabulário que sobrou de ontem.

quero dizer,
quando vejo algo assim embotado e áspero,
cheio de cracas e arruinado,
sei como chegar ao seu todo iridescente.
quero dizer, eu os como vivos.
o que quero dizer é que vou te comer vivo,
deslizando a lâmina lateralmente, sem cortar nada
porque o oco sempre esteve ali.

Não, eu não lamento pelo mundo — estou muito ocupada afiando minha faca de abrir ostras. — Zora Neale Hurston

para Stacey, como você era

você fazia um beicinho lindo de irritada.
você brilhava tão divertida, como algo que pode ter uma beleza inesperada,
que nem quando alguém deixa uma lata de refrigerante de laranja pra fora
e lentamente, lentamente emerge lá de dentro uma vespa, se acalmando com açúcar
reclinada no alumínio debaixo do sol enquanto suas pernas secam.
estamos todas pregadas nisso agora e não sei se você é a vespa,
ou a lata, ou o açúcar, ou o sol
mas sei como você parece ansiosa diante do couro.

é couro preto. num carro preto. e você é uma garota preta
correndo porque nenhum jato vai esperar por você,
seus saltos batendo, e seu cabelo dançando
como nunca dançam os cabelos de uma garota preta,
rumorejo nas suas omoplatas. não podemos ouvir direito, mas
rumorejo seu vestido, *molejo* seus quadris.
mas a lágrima, quando vem, é silenciosa.

é assim que vou me lembrar de você, Stacey Lauretta do Bronx,
Stacey, a primeira mulher por quem meu irmão proclamou amor publicamente,
Stacey de chapéus fabulosos, Stacey de tranças, a melhor das melhores amigas pretas.

Stacey, a melhor amiga que fala de você na mesa do almoço
ou na televisão.
Stacey, a melhor amiga que vai embora
mas ainda pode voltar.

por que você não pode encostar no meu cabelo

meu cabelo é meu amigo de infância que costumava aparecer todo dia e no colégio ficou descolado e depois começou a usar drogas e aí fugiu, mas agora está de volta tentando se regenerar e tomamos café juntos num domingo de manhã antes do seu turno na mercearia

meu cabelo estava num zoológico. meu cabelo escapou do zoológico e matou três policiais antes que eles o dopassem com tranquilizantes. só tranquilizantes porque meu cabelo é valioso demais para ser morto

meu cabelo é clandestino. não é que ninguém possa entrar — é só que você não sabe a senha

meu cabelo trabalhou duro e escalou muitas montanhas, literais e metafóricas, para chegar até aqui. meu cabelo ficou sem tanques de oxigênio há um quilômetro e meio e tem lutado para respirar desde então, mas está determinado a chegar ao topo. meu cabelo suportou um boné na noite passada. isso dá muito trabalho

meu cabelo é uma tecnologia do futuro e vai sapecar seus dedos, cuidado

meu cabelo não liga para o que você quer

meu cabelo tem um irmão. eu lavei, condicionei, hidratei, penteei e trancei o cabelo do meu irmão na pia da cozinha quando o irmão do meu cabelo estava deprimido. o irmão do meu cabelo tem uma filha. a filha do irmão do meu cabelo é tão dengosa e doce, e eu canto enquanto a penteio, segurando pela raiz, tocando sua testa com delicadeza e dizendo que a amo enquanto ela chora

Ode ao Óleo Capilar Luster's Pink

você seria um estranho hoje, pomposo
entre os tons de terra e cascas de ovo
na prateleira da farmácia Walgreens.
você não se chama de nenhum tipo de manteiga,
nem está *livre* de nada:
livre de parabeno   sulfato   incômodo.
não, amigo. você tem custos.
        a sua mancha e o cheiro de açúcar e plástico quente
        persiste nas mãos, logo é necessária uma estratégia
        para proteger o jeans, o balcão, a córnea, o casaco favorito
        da nódoa reveladora de uma manhã apressada e do gesto
        descuidado do pulso.
você não abarca línguas estranhas.
não, você só sabe o nome do seu pai.
Luster.
um homem de raízes luminosas.
um homem tão sulista que, na sua boca,
Yazoo City, Mississippi ressoou
como um anagrama de *cabelo médio e ressecado*
e pareceu muito bom
porque estava revestido de você
e O, como você brilha.

mil e uma maneiras de tocar seu próprio rosto

1.
acabei de chegar do parque de diversões Tilt-A-Whirl.
tenho três dólares pra gastar na loja de presentes.
na viagem de volta pra casa
coloco um pouquinho de sombra na palma da mão,
do mesmo jeito que está na paleta, combinando o turquesa
e azul elétrico
com elétrico extra,
e quando Colette me encontra subindo na pia pra alcançar o espelho,
ela me diz:
"se você usar isso, vai parecer que não sabe como se maquiar.
vai ficar parecendo com a sra. Porcelli".
e me ajuda a descer e me leva pra sala
pra dizer olá a sra. Porcelli,
a vizinha de porta da minha vó nos últimos trinta anos,
e pra tomar um copo de refrigerante de gengibre sem gás.

2.
"catorze?" Paula me pergunta.
"você usa muita maquiagem pra quem tem catorze anos.
o menino ali perto,
o que eu gosto tanto,
o aspirante a dramaturgo com grandes ideias,
ri pra caramba, e se eu roesse as unhas
esta seria a hora de roer até o sabugo,
mas não roo, então o violeta metálico cintilante

na ponta de cada dedo permanece intacto.
Viro minhas pálpebras encrostadas de laranja pra ela e não digo nada.

3.
perto do final furioso dos meus quinze anos, parei de mudar as cores diariamente.
em vez disso, lambuzava minhas pálpebras de preto toda manhã
e usava batom
e pronto.
meu rosto não tinha acne,
então não usava pó.

meu estômago, porém, irrompeu com a hereditariedade do meu pai.
debaixo da minha camisa era tudo escamas e buracos, um deserto,
ou era uma distante e odiada lua,
ou era a praia no inverno.
mostrei pra uma garota uma vez, na biblioteca.
quando ela torceu o canto do lábio superior em desprezo,
me castiguei por esquecer como era monstruosa.

em Nova York contei pra uma inglesa
que minha mãe não curtia muito,
e ela disse "não é sua
mãe que tem que gostar da sua maquiagem".
e eu tinha quinze anos e ia
do Harlem até o Brooklyn sem meus pais
e sabia que o que ela disse
soava proibido e maravilhoso, mas pensei,
"e eu achando que você conhecia minha mãe tão bem".

os compactos de sombra preta, comprava
em idas sorrateiras na Walgreens logo que o sol despontava.
o resto eu pegava do seu quarto —
presumindo, como era meu hábito, que todas suas coisas secretas
eram minhas também.

4.
agora mesmo, nesta sala, eu te vejo
resplandecente em índigo, cheirando a coisas de outro mundo,
envolta em damasco diante do espelho
como uma mulher errante seria,
sorrindo atrás do carro de um funileiro,
os dedos dos pés traçando linhas luxuriantemente na lama.

5.
minha avó me deu o troco
depois de cada viagem à Carson Pirie Scott
pra Feira de Moda rosa-e-verde.
ela tem 85 anos e é terrivelmente bela:
uma pequena imperatriz,
sorrindo sempre e nunca.
quando ela vê a gente dançando
ela ri, e seus olhos se arregalam, tremendo,
e me pergunto por que os meus são tão estreitos
e me pergunto sobre as coisas secretas dela
e me pergunto se são minhas também.

pro moleque do caderno

viu, toma nescau de manhã moleque
uma perna do seu moletom enrolada
vasculhando o fundo da bolsa da sua mãe pra
passagem do busão e uns chicletes
a caneta estourou e tem tinta no seu polegar moleque

de boa é cimento fresco moleque
sanduíche White Castle moleque
língua manchada de guloseima
xingando no campinho
até seu irmão mais novo aparecer
com meia barra de chocolate moleque

tirou aquele 8 daora em ciências moleque
você mereceu moleque
grava seu nome numa árvore
abraça sua vó no aniversário dela,
pensa no Alasca quando o tiro tiver comendo
sonhos rolinho de salmão
abrigo
tundra
o rolê mais distante que você já viu num livro
ursos polares seus novos parceiros de xadrez
machadinha no gelo
Aurora Boreal moleque

guarda seu caderno onde seus primos não encontrem
deixa na minha mesa se quiser
mistura com o papel carbono
e um carimbo que grita MAIS TARDE
amarelo e vermelho pra desenhar o olho do oceano
que você esconde no topo dum cinco estrelas
sua mãe achou que tinha um segredo ali
achou que iriam rir
mas nem rolou.

essa é que a levada a levada a levada
e fitas como aquela cabulosa
mil fitas
batidas até o fim dos tempos
você poderia fazer rap tipo
explosão de hélio na primavera
tudo isso
até você mesmo
não sobrou ninguém ao sol — sem gás
enquanto a última luz é empurrada da sua barriga

escalando suas costelas

e você ri no microfone

e quem tá pronto pra isso, mano?

Quinta de manhã, rua Newbury

Eu não consigo bancar esse terapeuta.

Ele me vê como um valor nominal — tão baixo que, quando denomina a primeira quantia, peço para pagar dez dólares a mais. Tão baixo que na verdade é só uma cortesia. É simbólico, como a prefeitura vendendo terrenos baldios por um dólar. Não dá para fazer nada com esse dinheiro. Ele diz que é "parte de sua prática" também atender um ou dois estudantes. Me parece uma espécie de dízimo, uma doação ao universo para dizer "obrigado por estes diplomas e este escritório e estes móveis clássicos do modernismo e estas orquídeas neste edifício na rua Newbury".

Por outro lado, acho que ele só continua comigo porque meus problemas são interessantíssimos e às vezes envolvem nomes que talvez não sejam famosos em si, mas que seriam conhecidos por um terapeuta negro de alta qualificação com um consultório na rua Newbury. Ou talvez não sejam as histórias sórdidas da intelectualidade negra; talvez seja minha narrativa vívida ou minha disposição em dizer "Não vejo dessa forma" ou talvez eu esteja me enganando e sejam apenas as histórias normais de pessoas pobres tentando sobreviver em tempos difíceis e essas coisas que fazem e que talvez não sejam tão boas para suas filhas, mas todo mundo só está tentando se virar, e as garotas nem mesmo têm a chance de pensar muito nisso até que estejam morando numa cidade distante. Ou talvez o homem esteja só fazendo seu trabalho. Esse não é o tipo de pergunta que se pode fazer, então provavelmente nunca saberei.

Seja o que for, estou grata. Quando digo que *demorei uma semana, mas finalmente assisti ao vídeo dela sendo abordada / Estou com medo de entrar no meu carro*, e ele acena, fico grata. Quando conto a ele como colocaram fita preta nas fotografias do professor negro de Direito de Harvard, bem em cima dos olhos, choro e fico grata por não explicar. Acabei percebendo que, na terapia, como em grande parte da vida, as coisas que custam mais dinheiro são realmente melhores, e estou sendo mais bem cuidada do que por qualquer um dos meus cinco terapeutas anteriores. Não sei por quem sentir pena, por mim ou por eles.

Vou às sessões do meio-dia quando posso. Na maioria das vezes, quando saio do consultório, não há ninguém na antessala esperando. Pego meu casaco e vou embora. Vez ou outra, me maquio no banheiro.

Às vezes, alguém está na sala esperando sua vez. São sempre pessoas brancas. Fico me perguntando sobre o que falam, quem são e se dizem coisas bem-intencionadas, mas incômodas. Como notícias, cabelo, medo, morte. Penso em colegas que conheço que chamam a mim e apenas a mim de "amiga", que dizem "apoiado" para concordar comigo e apenas comigo e me pergunto se esse tipo de zelo entra neste consultório ou se os terapeutas são imunes a pequenas indignidades só para saber tudo de terrível a seu respeito.

De vez em quando, há uma criança branca aflita — uma diferente a cada vez — com um adulto que está lendo uma revista e não está falando com ela. Eu sorrio e digo olá porque a sala é pequena, e, de qualquer forma, não deveríamos tornar isso o mais normal possível? Ou, senhora, gostaria que eu ajudasse seu filho a se sentir desconfortável por estar aqui? Devo mostrar a ela que isso é um segredo? Nunca há tempo suficiente para presumir antes de agir. Por isso, hesito ao sorrir para estranhos, especialmente no inverno, quando leva muito tempo para pegar meu casaco, e está todo mundo neste pequeno recinto, ouvindo música ambiente e sentindo vergonha de ser doido. Enquanto espero pelo elevador, sempre imagino a criança sentada numa minimesa de madeira em uma das extremidades do consultório, jogando Connect 4 com o Dr. ////. Ele é alto, e eu o imagino se dobrando ao meio para ficar espremido na bela cadeira Eames produzida artesanalmente e adquirida por catálogo. Sinto inveja de minha terapia não envolver jogos de tabuleiro. Fico imaginando em que momento do jogo de damas chinesas a criança revela o que está oculto.

É minha última sessão presencial antes de me mudar de casa, mas fico tão desconfortável com partidas que ajo como se não estivesse partindo. Teremos algumas sessões pelo Skype de qualquer maneira. Para facilitar a transição. Sinto principalmente que não posso tornar isso mais um motivo para chorar. Mas a parte das videochamadas será para me ajudar a encontrar alguém novo. Minha mãe pergunta o tempo todo o que vai acontecer com o meu terapeuta. Não vou chamá-la de qualquer tipo de prosélita. Ela não está totalmente imune às muitas forças que convencem mulheres negras de que a saúde mental é uma farsa na pior das hipóteses e um luxo na melhor das hipóteses. Mas a ideia da terapia é, como a matemática e o dentista, o tipo de coisa que lhe foi totalmente negada durante a maior parte de sua vida e, no entanto, é inflexível quanto à minha persistência. Ela fica satisfeita quando digo que não estou dizendo adeus, ainda não. Relato isso em ligação da maneira um tanto dissimulada que uma criança conta que recebeu uma boa nota numa tarefa que na verdade só permitia dois resultados: aprovada ou reprovada. É uma verdade técnica.

Dr. //// e eu não nos abraçamos. Nós apertamos as mãos.

E hoje, quando saio, tem um menino preto. Nós nos parecemos, estamos até vestidos iguais, mas ele está usando boné, e eu não. Olhamos um para o outro, de olhos arregalados, antes de o Dr. //// abrir a porta e o convidar a entrar. Quando está fechada, não devo ouvir nada. É para isso que serve a música ambiente. Mas ouço muito bem. Ouço o som suave de pele contra pele, primeiro o deslizamento das palmas e depois o baque suave. Eu os ouço cumprimentar um ao outro da maneira que podem, como ninguém mais pode.

Acho que talvez, se pudermos proteger a nós mesmos e uns aos outros, se pudermos evitar perder nossas mentes sozinhas em quartos silenciosos e pudermos pelo menos perdê-las lado a lado, poderemos viver o ano todo.

AFROFUTULÍRICA
postais das planícies

Ao Prince

Em 1990, eu me sentava sozinha na cozinha e comia gelatina ou pudim
e gostava de cantar junto quando você prometia:
não se preocupe
eu não vou te machucar
e meu delirante coração-sintetizador
tocava *tum tum tum tum* na minha caixa torácica,
até que acabava, e eu corria pra rebobinar
ou ficava sozinha de novo.
Eu nem sabia o que era um Corvette, mas sabia que era pequeno
e que te deixava triste, e eu queria ter uma
voz trêmula e quebradiça como aquela, e queria
uma moto e algo pra me deixar triste.
Queria tocar guitarra com a chuva púrpura caindo
no meu corpo todo e chacoalhar meus ombros quando andasse.
Olha, eu te amei porque nunca tinha visto
alguém que parecesse comigo num filme antes,
ou pelo menos como pensei que poderia parecer
se crescesse e me tornasse bonita.
Nossa mesma pele, sempre brilhando,
alindada com todo tipo de tafetá
e cachos delicados, caindo perfeitamente em volta do meu rosto
como se fossem atraídos pra lá.
Essa era minha revolução secreta.
Eu teria lutado com Morris Day se você pedisse,
bateria nele com socos e assistiria ao ouro
da sua jaqueta ceder e quebrar até ficar opaco.

Não tinha como não perceber que deram sua cor ao Coringa
quando ele invadiu o museu, assinando seu nome em tudo
que dizem ser arte. Ele rodopiava um cetro,
desfigurando o que podia e destruindo o resto.
Eles deveriam ter escalado você pra cena, ou eu,
dançando entre as nuvens de gesso e telas manchadas.
E aí eu soube
que *1999* nunca viria,
e ficaríamos sempre aqui entre as vísceras.
E nunca houve um videoclipe pra essa música,
mas se houvesse, eu queria ser a pessoa
com um leão no bolso,
e não ia ser um leão nanico ou um bolso gigante,
seria simplesmente uma magia imunda fofa especial
que tornava as coisas mais temíveis meus amigos
e minhas mãos mais fortes.

História de Origem

Isso é real:
minha mãe e meu pai
se conheceram na estação de ônibus Greyhound
na década de oitenta em Chicago.
minha mãe, toda de fundo de garrafa e afro puff,
veio para o oeste de trem quando tinha dezenove anos,
morava na casa de uma amiga e cuidava dos filhos dela,
tocava pandeirola numa banda cover de Chaka Khan.
meu pai, todo ladino e olhar suave,
fugiu de casa quando tinha dezessete anos,
mimeografava jornais comunistas
e desenhava quadrinhos, histórias
tipo esta pra vender. um dólar.
minha mãe comprou uma.

o amor é como uma história em quadrinhos. é frágil
e o melhor que podemos fazer é protegê-lo
de todas as formas desastradas que pudermos:
plástico e papelão, salas escuras
e caixas. assim, algo que
poderia nunca durar
pode encontrar seu caminho para outra década,
outra casa, um quartinho, um porão, intacto.
amor é papel.
e se o amor dos meus pais fosse uma história em quadrinhos,

nunca viu polivinil, nunca sentiu um apoio.
foi enrolado no bolso de trás para um dia no parque,
emprestado a um amigo, lido sob as cobertas,
relido, pendurado de cabeça para baixo no encosto do sofá,
decorado, maltratado, desgastado, grampos enferrujados.
um amor assim não dura
mas tem um bom final.

soneto

inspirado em Terrance Hayes

guardei broa de milho pra você tá na frigideira em cima do fogão.
guardei broa de milho pra você tá na frigideira em cima do fogão.
guardei broa de milho pra você tá na frigideira em cima do fogão.
guardei broa de milho pra você tá na frigideira em cima do fogão.

guardei broa de milho pra você tá na frigideira em cima do fogão.
guardei broa de milho pra você tá na frigideira em cima do fogão.
guardei broa de milho pra você tá na frigideira em cima do fogão.
guardei broa de milho pra você tá na frigideira em cima do fogão.

guardei broa de milho pra você tá na frigideira em cima do fogão.
guardei broa de milho pra você tá na frigideira em cima do fogão.
guardei broa de milho pra você tá na frigideira em cima do fogão.
guardei broa de milho pra você tá na frigideira em cima do fogão.

guardei broa de milho pra você tá na frigideira em cima do fogão.
guardei broa de milho pra você tá na frigideira em cima do fogão.

Chicago é um coro de cães latindo
[Logan Square, noite, 30 de maio de 2015]

[a. notas sobre a biosfera sônica]

Não é que eu tivesse esquecido. Mas também não me lembrava direito.
Não à essa distância. Não desse jeito quando você está perto de mim, dormindo,
e eles bem ali do lado de fora da janela: primeiro só um, depois três,
então mais do que posso contar, mesmo tentando ver cada um com meus olhos fechados:
um pitbull, um shih-tzu, um vira-lata cabeçudo, dispostos em todo o corredor
como se revestissem o fundo de um palco — uma voz, um aviso, ainda que sejam muitos.
Você não se mexe. Mesmo quando a mulher lá em cima começa a berrar,
jogando coisas e gritando tudo quanto é nome pro inútil.

[b. notas sobre sua ascendência]

Olhando você respirar através da fumaceira, esbravejando que é do vapor que viemos,
lembro um nome pra você: *minha bebê rua Division*
uma bebê Linha Azul numa cidade segregada,
uma bebê preta, branca e multirracial. Uma bebê Cabrini-Green Studs Terkel Clemente.
uma bebê conjunto habitacional historiador radialista escola racializada.
Você é uma bandeira de metal e uma loja de perucas, minha querida.
Só por esse mérito, não me importo em compartilhar esta não-cama de noventa e dois centímetros
pois, assim como você é boa dormindo entre os cães e a fúria,
eu sou muito boa em passar a noite toda sem me mexer um centímetro.
E quando você gritar comigo de noite, eu grito de volta.

[c. notas sobre a natureza dos pulmões, um esquema]

Meu irmão, seu pai, deve trabalhar até as quatro da madrugada.
Quando ouço a porta mais cedo, eu escuto — não qualquer tipo de pisada.
Espero a áspera. A bufada involuntária. Se o caminhante noturno inspira e exala em silêncio,
não é meu irmão. Mas a respiração ruidosa vem rápida o bastante
e sei que é ele.

[d. notas sobre a rua 18 e a morte e o vidro verde]

Enquanto caminho até o banheiro, ele me pergunta se lembro do Rudy,
um amigo do nosso pai, que talvez morasse em cima do Café Jumping Bean,
era um cara legal e tinha dado cereal Trix pra ele. Hoje eu entendo
que na cabeça e no coração do meu irmão, assim como na minha cabeça e no meu coração,
dar comida de presente, e especialmente comida açucarada proibida, e especialmente
cereal açucarado proibido, é como sempre ter um lar. E isso não me surpreende.
E ele me contou que Rudy foi morto a facadas esta noite, na casa da Simone.
Eu digo uma coisa estúpida como
muitas pessoas em Pilsen se chamam Rudy e talvez não seja o mesmo cara,
mas eu sei que é. E justo na casa da Simone, onde estive tantas vezes, então posso até ver a coisa toda.
No dia seguinte, no telefone, meu pai ficará furioso com a notícia, chamando de *bate-boca*,
insistindo que Rudy nunca brigaria com ninguém. Ele chamará de cilada,
e não terei nada a dizer depois e não tenho nada a dizer agora.

[e. anticlímax, em defesa da comunhão]

Meu irmão diz que está tentando criar o hábito de dormir sozinho
e que, se você acordar, ele vai cuidar de você. Ele me dá outro cobertor limpo,
e eu te deixo, com relutância, no sofá.
Nosso cachorro, magro e quieto, dorme por perto. No andar de cima, alguém dá descarga,
fazendo a água correr numa grande cascata invisível pela parede.
Me pergunto como foi pras pessoas que cresceram sem os barulhos alheios —
se, como adultos, elas têm que se acostumar com os sons dos outros vivendo e morrendo
ou se é natural, algo que seus sentidos sempre estiveram esperando.
Como agora, a porta dele está aberta, e a sua também,
e eu ouço vocês dois respirando, não tenho uma porta para mim,
e pela primeira vez percebo que no primeiro terço dos meus anos
nunca dormi num quarto diferente desta pessoa cujos pulmões me preocuparam toda a minha vida como se
fossem meu próprio dilema delicado.
E penso em você e na música que você faz nesta casa de respiração abandonada,
e abro meus olhos quando você chama por seu pai, meu irmão,
e escuto quando ele a chama de volta e vem pra você.
Menininha, você, destemido inverno,
você, festa dos pombos antes do chafariz duradouro —
não queremos que você tenha medo do escuro como nós.
Queremos que você fique sozinha às vezes
do jeito que nunca pudemos e ainda não podemos de verdade.
Mas quem pode culpar você, querida, em nossa cidade de vidro?

no salão

desculpa, querida,
a srta. Annetta diz enquanto puxa
minha cabeça pelos cabelos, durante o tratamento,
e vê minha mandíbula flexionar
e músculos em meu pescoço que eram invisíveis.

logo estou numa casa
não, estou no oceano
não, eu sou o plasma no sol
não, eu sou um átomo num acelerador de partículas
e o tempo é tão lento pra mim. eu sei lá.
e antes de mim, todo o universo estava aqui
como as cenas finais de Kubrick:
vastas e fluidas, e
sabia que o vidro é um líquido?
está se movendo diante de seus olhos, mas devagar demais pra ser visto.
é assim que é.
estou no universo, e ele é meu cabelo.
cada fio, um arco elétrico e perfeitamente imóvel
diante dos meus olhos, dançante, sinuoso,
num arranjo armado no ar
como o último acorde de uma música.
assisto daqui de dentro. um fio é branco,
se enrola nos outros como um relâmpago silencioso.
ela puxa mais um pouco, e agora sou uma mulher velada.
vejo o mundo daqui, e o mundo é castanho escuro,
e o mundo me mantém modesta, oculta.

de fora, não sou um rosto, mas uma cortina de renda
cobrindo uma mulher prometida
cobrindo a janela de um vizinho solene
cobrindo um carro fúnebre que passa
me sento um pouco mais alto, pra alguém tão oculta
deve ter consequências.
ela penteia de novo e vejo de novo:
os secadores, a televisão piscando
a placa ABERTO, por onde os homens às vezes espiam,
os olhos encontrando brechas no néon enquanto passam na rua.

montagem num carro.

tenho dois anos tô numa cadeirinha de carro minha mãe e meu vô foram buscar fotos numa farmácia drive-thru e tão reclamando porque as fotos não tão prontas pergunto "cês tão com raiva?" // tenho quatro anos meu pai diz "porra" eu digo "Pai" // tenho dez anos leio os classificados na última seção de uma revista que meu pai deixou no banco de trás tem muitas mulheres sem blusa // tenho onze anos e vamos prum bairro onde nunca estive pra ficar com uma mulher que nunca vi porque não podemos mais ir pra casa todos meus livros e bichinhos de pelúcia tão numa caixa do meu lado tô com calor // tenho doze anos cheguei na última página de *Flores para Algernon* soluçando quieta enquanto cruzamos os montes Allegheny // tenho dezesseis anos a neve é tão ruim que tudo que conseguimos ver são as luzes vermelhas de um caminhão na frente e que seguimos sem saber pra onde ele tá indo do lado da estrada tem um monte de carro parado coberto tudo coberto e as trilhas que levam pra floresta // tenho catorze anos pergunto pra onde vamos ele diz que é surpresa // tenho dezessete anos tá tocando o remix de "Ignition" ele tá fumando um cigarro na janela eu também tô com os vidros abaixados a gente olha as luzes de Natal são duas da manhã // tenho vinte e três anos a bateria arreou não posso fazer nada disparo pro fim da rampa ligo o pisca alerta e venho pra faixa da direita só deixo acontecer // tenho vinte cinco anos não sei onde fica nada em Cambridge mesmo assim ligo pro seu melhor amigo e conto que ele tá tão bêbado que tive que sair me diz o que fazer ligo pro Lo ele me diz pra ir pra lá eu não vou // tenho vinte e oito anos tá chovendo grito "eu vou matar eu vou matar nós dois" // tenho vinte e nove anos vamos voltar de Pilsen pra New Harmony a lua tá alta faço uma parada tão dormindo cresceram tanto mas parecem bebês quando éramos bebês nossos problemas eram crescer eles não acordam mesmo quando ligo a ignição e saio pela noite

O Discount Megamall (in memoriam)

pra você
eu risco
as
letras
do meu
nome
no
ar
com o meu
dedo mindinho
como um
colar
de ouro
como uma
assinatura
num
grão
de arroz
num
potinho
eve
na noite
passada
como um
anoitecer
como
o fim
das coisas amadas

eu venho da cidade incendiada.

eu venho da cidade incendiada / o fogo veio e lambeu nossas casas, tragou como se não fossem nada / as bebeu como se estivesse driblando a última gota d'água numa fonte de concreto / a torneira está quente demais para tocar com seus lábios cuidado / o fogo nos beijou e gozou / e ainda agora a ferrugem sobe pelas paredes, hera vermelha / ferro incendiado, e o tijolo desabrocha corado / vermelho como batom roubado pisado, reduzido a uma pequena terra plana / está em todo canto da cidade incendiada, olha para o oeste, para a morte / o sol vermelho come os bangalôs / as crianças da cidade incendiada velam com os dedos na boca / para saborear os chocolates quentes ou mistos-quentes ou cachorros-quentes ou batatas quentes / elas abrem os hidrantes da cidade incendiada e lançam botes salva-vidas de 1,99 nas sarjetas / piras funerárias de guerreiro apagadas

Um Corre na Boca:
Um Poema em Cinco Atos

Ato I: A Van
O que está entrando, saindo ou passando

esta van tem que ser estacionada perto
da calçada quando a calçada aqui é só
entulho mesmo aí tenho que escolher
entre raspar meu cotovelo na parede da lavanderia
e pra completar talvez tropeçar nas pedras soltas
ou dar um passo pra rua e ser atingida
por um carro ou pela porta enferrujada da van
ou levar um grito seu, motorista da van, que me colocou neste aperto.

Ato II: A Bala e o Cristal
Cristal, eu espero. Posso usar o cristal em todas suas formas,
o cartão telefônico de outras noites
e outros aviõezinhos de um tipo diferente,
outras cicatrizes de pico e outras queimações.
Cada vez que sinto meu tendão esticar um pouco mais
pra me mandar na menor órbita sobre os estilhaços
que no caminho eram lixo antes mesmo de serem lixo, antes mesmo de serem estilhaçados,
me vejo em duas visões — aqui eu voo
e aqui eu errei, pousando com o cristal no joelho ou na canela,
e é o subconsciente que mantém minhas solas flexionadas da maneira certa.

A bala é uma surpresa — doze ou quinze pacotes, pelo menos,
nenhum intacto, mas estão por toda parte, é bala em todo canto,
sem batatinhas ou qualquer coisa ou pratos de papel ou outros sinais
de que todo mundo se divertia,
e conforme meus músculos se contraem e me estico
me pergunto se era uma mãe ou um amante rejeitado,
que voltou pra casa com a glória da sobremesa do McDonald's,
mas só encontrou a espera de ser tão indigno
que todos seus presentes deveriam ser deixados aqui pra secar ao sol.

Ato III: A Cobra
Vou te contar,
essa idiota tá vindo pra cima de mim
como se tivesse esquecido quem manda nessa porra
Agindo como se soubesse alguma coisa.
Você deve tá perdida ô cabeça oca.
Você não vai picar ninguém!
Deixa de botar banca
se liga.

Ato IV: Os Homens
não são tão ruins, mas ainda devem ser evitados.
O nome deste jogo é como ser rápida no seu giro-rápido
de meia volta quando ele aparecer
como ajustar o volume dos seus fones de ouvido
aí você não precisa fingir que não está ouvindo, mas pode realmente não ouvir
e de quebra não será pega desprevenida por alguém vindo pra cima de você

[ainda não fazem fones de ouvido desse tipo
mas poderíamos fazer fortuna com as mulheres que insistem em sair por aí],
o quanto você se sente aliviada
quando não vê o braço dele saindo do carro ali parado
até que vai chegando perto,
e fica agradecida quando ele diz apenas "ei, magrela" e não foi nada pior do que isso.

Ato v: O Playground
_____ é meu parquinho
é como você diz que este é o lugar que venho mostrar
sem medo, como se nunca tivesse enfiado um estrepe de madeira no joelho
ou me queimado com ferro ou sido picada por uma vespa
vivendo entre as pranchas de moldagem da caixa de areia.
Tipo, a cidade é meu parquinho. Tipo, o parquinho é meu parquinho
e jogo amarelinha como se nunca tivesse ouvido falar do foursquare
e inabalável como se nunca tivesse ouvido falar de joelho lesionado.
Tipo, este não é um lugar pra crianças
que alçam seus corpos dos balanços e caem de cara na terra
mas ainda não aprenderam a levantar com todo o peito
como se fosse seu último dia num planeta agonizante, e ninguém trouxe
os tanques de oxigênio.

a hora e a vez de Marilyn Mosby

cordão de ouro da garota de Dorchester
pesado em seu coração que nem
sua avó do coração de olhos azuis nublados
Mosby que nem aquelas músicas do Sul
que se foram pra Península de Shawmut
com seu peito nublado seu espírito nublado que nem do meu velho
uma das boas que nem do meu velho
recebi esse aperto de mão que nem do meu velho
este é o maior
pertence que você vai receber com esta roupa neste palanque:
o dia em que todo mundo se reuniu pra te ouvir contar
que nem um homem desesperado contando saraivadas de uma pistola
um até seis, marretadas nos tímpanos batem no coração que nem
a coluna dele pesa no seu coração que nem
um lápis quebrado trincado vincado
nem sequer com raiva — com negligência
de um salto duro e abandonado.
arqueia a sobrancelhas até seu rosto ser o grafite vincado
que adoram cuspir. eles contam suas fungadas
e suspiros. eles cortam seu grito, em suas cabeças.
eles puxam o compasso pra curva dos seus lábios
e uivam em cada grau desafiador.
Quando você diz "provável" e "contrário" e "despacho",
eles medem o vão em seus dentes com seus anéis do ensino médio.
Eles não gostam que você mexe no seu cabelo, Mari.
Eles não gostam do seu brilho labial.

Eles não gostam de como sua faca estava afiada
quando você a deslizou entre a patriótica águia de estanho
e o tecido de poliéster azul
e fatiou
e eles não gostam de como você os colocou em seus lugares
e foi pras ruas.

Hospital Columbus

A primeira pedra é a mais dura
é por isso que eles não usam mais as mãos.
Muito dura, a pressão do granito nas pontas dos dedos
muito parecido com a pressão de um palito de fósforo barato riscado numa caixa
quando o fósforo se esvai todinho, o material inflamável se esvai
todinho do seu coração, e o vermelho está riscado com preto e aí você
risca e raspa, mas o fogo nunca vem.
Isso dói tanto, esse raspar infrutífero.

Por isso eles não usam mais as mãos.
Não, a corrente tinindo faz o trabalho de uma pessoa.
Bolas de demolição não têm artrite nem choram
nem aparecem com almoços que suas esposas preparavam,
com cara de sono, em pé com casacos surrados na escuridão.
A dinamite nunca diz "mas meu tio morreu
aqui, neste hospital, e ainda sinto o cheiro de amônia
e vejo o bolo disforme"
enquanto o tremor se espalha
e as paredes caem.

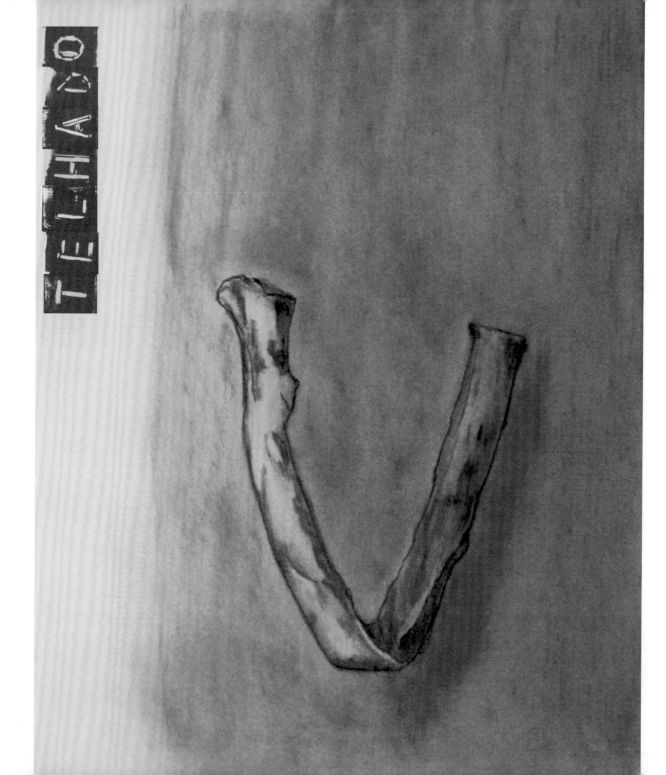

Do que Estou Falando Quando Falo do Jesus Negro

Falo sério quando digo *aleluia*.

Eu não acredito que Jesus de Nazaré era o filho santo de Deus, ou que ele morreu para que a humanidade pudesse ser salva de seus pecados, ou que ele ressuscitou como nosso messias. Mas eu acredito no messias.

Eu acredito em milagres e feitiços, maldições e presságios, acredito que nunca se deve colocar a bolsa no chão ou quebrar um espelho, e quando estou me sentindo sem rumo, posso me apegar um pouco no horóscopo. Eu não passo debaixo de escadas. Eu acredito num universo infinito e misterioso, e acredito que esse universo é principalmente matéria escura, e que um dia o sol irá implodir. E não espero estar viva para ver isso, mas se estiver, vou olhar para aquela estrela que conheci e amei mais do que qualquer outra estrela, e vou dizer "ah, Senhor Jesus", e estarei falando do Jesus Negro.

Quando digo *aleluia*, estou falando sério. Realmente quero dizer isso.

—

Desde que o povo negro veio para este país, precisamos de um Moisés. Sempre houve tantos mares a serem abertos. Parece que todas as crianças negras, desde o momento em que nascemos, vêm ao mundo em meio a uma correnteza que ameaça nos engolir inteiras se não dermos ouvidos aos muitos, muitos avisos aos quais precisamos estar atentos. Viemos ao mundo como alquimistas da água, dobrando-a, desejando que nos dê passagem segura e nos purifique ao longo do caminho, que nos ensine a nos mover com alegria e propósito e que nunca, jamais, pare de fluir rumo a algo grandioso que está à nossa espera no outro leito do delta. Somos um povo eternamente em êxodo.

Antes de Moisés, existiu Abraão, e desde que o povo negro veio para este país, precisamos de um Abraão. Sempre mandamos uns aos outros embora — para o nosso próprio bem, se você não sabe — e chamamos uns aos outros de volta, encontrando parentesco onde brota um poço de lágrimas. Somos mestres na arte do sacrifício, ninguém é mais hábil em colocar seu maior amado no altar e sentir convicção, mesmo quando sentimos tristeza. E quando vemos o cordeiro, logo sabemos como agir e prosperar, assim como a faca de pedra esquenta em nossas mãos.

E antes de Abraão, havia Eva, minha própria xará. A primeira mulher negra. Ela foi a primeira pessoa neste estranho planeta iluminado pelo sol a saber de alguma coisa, embora pagasse por isso com cólicas terríveis.

Mas esse é o Antigo Testamento. Voltemos ao Jesus Negro.

—

"Tira uma foto disso com o seu telefone", minha vó instrui, seu corpo leve se inclinando sobre o meu. Está usando o típico uniforme de vó que lhe deve ser familiar: ela acabou de voltar do coral da igreja e, portanto, sua maquiagem e cabelo estão impecáveis, e já havia trocado de roupa e vestido um penhoar de algodão cor de pérola com um leve padrão floral e um par de chinelos. Às vezes me preocupo com o fato de que, nos dias de hoje, as avós têm poucos lugares para comprar penhoares, e um número cada vez menor de pessoas sabe o que eles são, fica por conta própria zelar pelos seus penhoares abandonados como avarentas cuidadosas. Este, em particular, prospera apesar das adversidades, e, em vez de entrar em conflito com o cabelo e a maquiagem

— um desgastado e desbotado, os outros régios e perfeitos —, eles existem numa espécie de trégua. Se toleraram por tantos anos e podem muito bem continuar assim.

"Tira uma foto disso também para mostrar pra sua mãe." Ela está me mostrando o livreto da celebração do centenário da igreja, com fotografias de famílias vivas e mortas e histórias do século passado que ela — historiadora oficial do comitê do centenário — tinha ditado a alguém que escreveu e colocou no livreto para que as pessoas sejam lembradas daqui a cem anos. E caso isso não aconteça — caso os livretos e o Microsoft Word e as coisas impressas tenham se desintegrado de nossa memória coletiva no próximo século —, ela quer que essas coisas estejam dentro do meu telefone, onde possam durar para sempre no lugar onde todo mundo parece se importar com — um vasto céu digital, uma colmeia celestial.

Minha avó passou grande parte de sua vida adulta como presidente do coral da Igreja Batista Shiloh, e esse fato é a base sobre a qual repousa sua autoridade em inúmeras coisas. Ela pode te dizer qual salada de batata deve ser servida e onde se sentar na longa mesa dobrável, quem deve fazer o quê, quais os turnos no sopão e se a peruca do pastor Sandy é aceitável e ainda responder a inúmeras outras perguntas cruciais, sempre terminando sua frase com "Bem, afinal de contas, *sou* a presidenta do coral". Até quando eu era pequena, podia ouvi-la cantando mesmo quando ela não estava cantando — nenhuma mulher poderia oferecer uma torrada ou um copo de refrigerante num timbre tão cadenciado, soprano irretocável, ou dizer, com ares de ópera wagneriana, que o vovô iria te bater com um pente se você não sossegasse.

Minha avó nasceu em 1º de janeiro de 1938, em Houston, Mississippi. Ela é um Ano Novo. Ela é um evangelho que renasce no inverno, num lugar onde não tem inverno. Ela me deu seu nome — Louise, que significa "guerreira" — em 31 de maio de 1986, e o compartilhamos desde então. Quando ela me levava à igreja, nunca ia à escola dominical. Sempre ficava ao seu lado, ou com um dos meus primos, aninhada no estofado e sentindo o cheiro de madeira velha e do spray de amido que engomava os colarinhos das pessoas ao meu redor. Embora eu morasse a

724 quilômetros de distância, todas as pessoas sabiam meu nome como se eu estivesse estado lá na semana passada, sabiam o que minha mãe tinha feito e as minhas notas na escola. E se alguém não me reconhecesse, "Essa é a neta da Louise" era tudo que os não iniciados precisavam ouvir.

De todas as horas que passei na Igreja Batista Shiloh, não posso lhe contar a mensagem ou mesmo o tema de um único sermão. Mas posso dizer de quem sou neta.

No trabalho com o meu pai

Naquela época tinha a roda-gigante
e o McDonald's do século 21
com a bola de cristal que você tocava e um raio rosa
vinha na ponta dos dedos como uma mancha de coquetel de frutas
e era praticamente só isso. Mal dá pra reconhecer.
O Navy Pier era uma coisa nova e desesperadora,
e em vez de fogos de artifício, um homem ateava fogo em si mesmo
e pulava na água toda noite às dez, sem brincadeira.
Estou falando sério, mal dá pra reconhecer.
Meu pai construiu uma estrutura, tipo uma casinha ou um coreto,
onde hoje fica o Shakespeare Theatre. E pintou de azul.
E era meio afastado, não era a melhor localização
(mais tarde ele se mudaria pra dentro do cais)
então, muitas vezes ele nos desenhava juntos pra atrair as pessoas
quando as coisas estavam devagar, ou desenhava só um de nós
enquanto o outro observava por cima do seu ombro, o que também atraia as pessoas.

Dá pra pensar que depois de tanto tempo observando, eu seria capaz de fazer o que ele faz.
Eu puxo conversa — "e aí, de onde você é? ahhh, legal" —
como se fosse a coisa mais natural, igual a ele, batendo um papo com as pessoas o tempo todo.
Eu faço piadas ruins. Mas não sei desenhar.
Ele sabe encontrar os detalhes das maçãs do rosto e os padrões nas camisas
e faz uma esposa olhar meio sem jeito pro seu marido, mesmo que se sinta indiferente.
Eu não consigo fazer nada disso, mas tenho muitos desenhos esboçados de mim mesma,
com todos os diferentes óculos que já tive e às vezes com detalhes inventados,
como binóculos em volta do pescoço na minha fase de ornitologia,
ou com um "Vai sonhando!" com a mão pra cima, na minha adolescência atrevida.

Juntei todos com cuidado, em sacos originais de polivinil
com seus suportes originais, aninhados entre velhas cartas de amor
o que acho que eles também são, à sua maneira.

Não consigo desenhar meu pai, com detalhes inventados ou mesmo reais.
Não, meu bilhete de amor infantil foi a noite passada entre a multidão
olhando os barcos chegarem, vendendo pulseiras de neon pra passar o tempo,
Fazendo correntes com elas e pendurando às dezenas nos meus braços magros,
gritando aos turistas os slogans que inventei — *partilhe o brilho da noite! brilhe como a noite!*
até que chegou a hora de o homem escalar a beira do cais com uma tocha na mão
enquanto a música tocava, uma guitarra elétrica sem voz,
e fiquei em silêncio, desajeitada e fluorescente,
e meu pai, um pouco afastado do meu campo de visão, massageava seus dedos doloridos.

Avenida Fullerton

Tudo que eu sempre quis que você soubesse de mim
era a Avenida Fullerton.

Toda vez que tento dizer isso pra você ou pra alguém,
o poema acaba na sola do meu sapato
e fico entalada.

Tudo que o que eu sempre quis que você soubesse era que,
quando você está dirigindo procurando uma vaga pra estacionar
e a iluminação é muito estranha,
você de repente se dá conta de quantos hidrantes realmente existem.

Não tinha ninguém aqui antes. Nenhuma amiga.
Quando eu ia de ônibus pra escola, podia caminhar de volta pela Kimball e a Fullerton
e se tivesse sorte encontraria Glen Czernik,
o único garoto com quem eu ia pra escola e que morava no meu bairro,
um garoto polonês que era legal com todo mundo e que mais tarde se casou com uma mexicana,
e era muito legal trocar ideia com ele lá, na frente da lavanderia,
que era muito legal também, mas não costumávamos frequentá-la.
Se Glen não estava lá no ponto, era só eu.
Uma vez um garoto da minha aula de artes me disse que foi assaltado naquele ponto de ônibus,
o que foi estranho pra mim, já que assalto parecia uma coisa que só acontecia
com velhinhas no cinema, e se você é jovem
e alguém quer pegar suas coisas, eles pegam, e isso se chama roubo.

Perto do centro de tratamento de varizes,
minha mãe conseguiu emprego numa academia pra mulheres depois que ficou doente,
o que ela chamou de bênção, e tinha razão, mas
eu nunca quis entrar lá ou olhar por muito tempo.
E quando você começa a andar pela Albany e pela Fullerton, você pode ver
todos os lugares em que meu irmão esteve, se souber onde procurar.
Adorei ver o xarpi que ele escolheu pra si mesmo e que pixou assinando
ao longo do caminho, porque cada um parecia um silencioso *olá, olá, olá.*
No Fireside Bowl, assisti à banda Motion City Soundtrack,
e tinha um outro rapaz preto lá
e era o baterista da banda de abertura
e ele era enorme e pra andar no meio do público
segurou suas baquetas no ar e disse
Com licença, cara preto passando,
e eu era muito pequena perto dele, e um monte de outras coisas também, eu acho.
Tive a coragem de entregar um bilhete pra um menino.
Entre os shows, ouvi Wes se gabar de ter conhecido Karen O
e distraidamente contei os botões da bolsa que eu mesma fiz.

Tudo que eu sempre quis que você soubesse é que quando o proprietário ficou muito mesquinho,
tivemos que nos mudar mais pra oeste na Avenida Fullerton, de Sawyer pra Kildare,
que ficava depois de Pulaski,
e agora eu tinha que pegar dois ônibus, o 74 e depois o 82,
e perdia muito tempo. Eu esperava na frente da locadora de vídeo que tinha
títulos em espanhol que pareciam picantes e interessantes. Uma vez entrei
procurando um emprego.

Às vezes pegava o ônibus com um garoto que morava no meu bloco,
Com a vó dele. Ele estava tão triste. Olhando pro passado, o que eu queria
era pegar o ônibus com o meu irmão.
Saíamos em horários diferentes pra escolas diferentes, e
eu queria ter ficado lá com ele, com sua camisa vermelha.

Quando morávamos em Kildare, nunca cruzava a Avenida Fullerton
porque eu via as pessoas que esperavam do outro lado
e eu as ouvia de noite.
Andava pra oeste até a Avenida Cicero, principalmente quando estava procurando trabalho.
Na maior parte do tempo, só esperava o ônibus ir pro leste, fazendo o caminho quarteirão
por quarteirão de volta pros apartamentos que mais gostava, onde
fingia que ainda morávamos. Pela biblioteca
e a Associação Cristã de Moços que fomos no acampamento de verão
e o Tony's Finer Foods
e principalmente o bulevar, onde minha casa favorita
tinha cortinas vermelhas de linho no segundo andar,
e ninguém parecia notar que eu ficava olhando a campainha ano após ano.

Tudo que eu sempre quis que você soubesse era que no ônibus
Um homem estranho colocou a mão na minha coxa, e eu não sabia
se aquilo realmente estava acontecendo ou não. Talvez eu tivesse inventado.
Um garoto com pupilas dilatadas encostou os dentes na orelha de
outro garoto e cochichou pra ele: *eu sei que você é uma cobra*.
O outro ficou olhando fixo pra frente.

No caminho da escola pra casa, se eu descesse do ônibus em Kildare,
eu estaria do lado direito da rua,
que pra mim era o lado errado da rua,
então comecei a descer do ônibus algumas paradas antes, para atravessar e caminhar.
Não tinha muita coisa pra olhar, a não ser o prédio de armazenamento,
uma imponente estrutura que, em teoria, oferecia infinitas
possibilidades — o que tinha dentro de todas aquelas caixas, afinal? —
mas eu não conseguia pensar muito.
Perto dali, tinha uma fábrica de processamento de alimentos
que enchia o ar com um forte cheiro de pimenta-do-reino,
que por um tempo foi fascinante ou até agradável —
sopa o tempo todo, que mundo —, e aí ficou opressivo.
Curiosidade: *Hermosa* significa linda. Curiosidade: Walt Disney nasceu
na North Tripp, 2156, e talvez fosse aquela beleza toda e toda aquela pimenta falsa horrorosa
e todas aquelas caixas secretas que o fizeram
um homem tão fantasioso e odioso,
mas quem sou eu pra dizer?

Tudo que eu sempre quis que você soubesse era
que o cheiro de pimenta-do-reino me faz sentir enjoada e sozinha, até agora.

pode ser realizados

apenas consciência fragmentada   intenção no mundo

Terça

8:30 - Roda de conversa com Saad

9:00 - Estou criando os filhos que você esqueceu

10:15 - E você não faz a menor ideia

11:05 - Almoço

12:10 - Apenas. Me. Pague. Me pague.

12:55 - Eu me recuso a baixar a cabeça

13:40 - Você os ama como se fossem seus? Como eu os amo?

14:30 - Dispensa

Réquiem para a Quinta Aula e as Coisas que Aconteceram Depois

Cante, musa, a professora de ciências
olhando cansada para a pilha de projetos sem nota
encostada na parede do fundo, debaixo de uma placa na qual
ela desenhou apressadamente uma folha pinada e uma folha palmada
com um marcador violeta para quadro branco.
Ela vai de sua mesa para a janela para assistir ao jogo de futebol americano,
e o homem em uma cadeira de rodas elétrica saindo do lar de idosos
e um velho sedan Lincoln de luxo estacionado perto do buraco enorme que danificou seu eixo
naquela manhã,
e a embalagem do White Castle voando em uma rajada repentina pela quadra de basquete,
como se estivesse possuída,
e o sr. Harris soprando seu apito.

Conte-nos sobre Javonte Stevens, que está no quarto ano
e que agora está batendo no ombro do sr. Harris para dizer
que a srta. Kaizer enviará de volta três crianças
que não trouxeram o dinheiro da excursão
e não poderão ir ao aquário,
e está tudo bem.
Cante os novos óculos de Javonte,
a armação preta e as hastes douradas que brilham ao sol,
e seu novo corte de cabelo, com duas flechas desenhadas acima de suas têmporas,
e suas novas meias que ficam escondidas, mas que o fazem se sentir melhor
e que foram as últimas coisas novas que ele ganhou de sua tia neste fim de semana
quando ela veio de Detroit visitá-lo e dormiu no sofá e declarou que
Javonte ter melhorado suas notas significa que deveria ter muitas coisas novas.
Cante a grande tora de madeira que Javonte usou
para manter a porta pesada entreaberta enquanto ele estava fora.

Cante alto
o barulho que fez no cimento pintado quando ele a chutou de volta.
Cante a música que Javonte cantarolava enquanto carregava sua mensagem
subindo as escadas, pisando em sintonia, acenando em sintonia
para Bo quando ela o chamou,
alertando para não escorregar no piso molhado.

Cante, musa, a Bo, limpando com o esfregão
de cima da rampa até o fundo,
passando com cuidado pelo lugar onde a curva indisciplinada do tapete se vira para cima,
guiando as rodas do balde para ficarem involuntariamente na vertical
apesar de uma delas estar tão amassada.
Fale do lancinante, do alcalino cheiro da água
e da bofetada quando as fibras atingem o chão
e do barulho da porta do banheiro
e do soluço estremecendo,
audível no momento em que o disco dois de *The Broker* de John Grisham
pula no CD player de Bo,
e sua pausa no degrau
e sua retirada para o quarto dos meninos, que pode ser limpo primeiro.

Conte sobre Nakyla Smith, respirando pesado quando a porta do banheiro se fecha,
empurrando a porta da cabine com cuidado, movendo-se silenciosamente para a pia,
jogando água no rosto e enxugando os olhos
com a manga de sua camisa oxford azul.
Cante a sua difícil subida ao escritório do conselheiro,
porque hoje é o dia,
ela vai desabotoar a gola e o botão debaixo, e o botão debaixo,

e puxar para o lado a blusa branca alvejada
para mostrar as queimaduras pequenas, redondas, que apimentam seu peito.
Louve a sra. Hightower, que não ofega ou grita no momento da revelação,
apenas segura uma mão preta na sua
e com a esquerda, levanta o telefone e liga para a sra. Marshall,
embora ela esteja apenas do outro lado do corredor.

Cante, musa, a sra. Marshall, que não pode responder agora.
A mesa está abandonada, e ela se inclina
para o outro lado da porta de carvalho,
o lado do diretor, onde uma placa diz CRIANÇAS SÃO MEU PROPÓSITO,
e uma mulher pintada como uma boneca sorri largamente, cercada por rostos de estudante fervorosos.
Ela está descansando na floresta enquanto seus antebraços se retesam
com o peso de todos os papéis,
coloridos como mingau de aveia ou pó, cada um com uma etiqueta na parte superior.
O primeiro diz STEVENS, JAVONTE, e abaixo, KAIZER,
e mais abaixo, oito números.
Conte como ela os agrupa por classe, depois em ordem alfabética,
embora cada letra seja a mesma, embora cada um carregue as mesmas informações.

Conte, musa, a sereia que chamou sua alegria rara e seu amor vago.
Conte o vento que os espalhou.

antielegia sem título

eu acho que
           nunca vou me permitir

se me permito vou
pensar em como

você era um bebê e não quero nem
por um segundo

ela _ _ _ _ _ poderia estar _ _ _

Jonylah Watkins

eu não quero falar sobre isso

Afirmação

à juventude que vive na prisão
depois de Assata Shakur

Fale isso para você mesma
até ter certeza de que é verdade.

Eu acredito que acordei hoje,
e meus pulmões estavam trabalhando,
milagrosamente,
minha voz pode cantar e murmurar e exigir,
milagrosamente.
Minhas mãos podem tremer, mas podem segurar
a mim ou a você.
Meu sangue ainda carrega as dádivas do ar
do meu coração para o meu cérebro,
milagrosamente.
Coloque um dedo em meu pulso ou minha têmpora
e sinta: eu sou mágica. Vida
e todas as coisas boas e ruins e feias,
coisas assustadoras que gostaria de esquecer,
coisas lindas que gostaria de lembrar
— toda a minha adorável história real
pulsa dentro de mim.
Eu acredito que o sol brilha,
se não aqui, em algum lugar.
Em algum lugar chove,
e as coisas ficarão verdes e maravilhosas.
Em algum lugar dentro de mim, também chove,
e as coisas ficarão verdes e maravilhosas.
Às vezes meu interior chove de dentro para fora
e aí eu sei
Eu estou viva
Eu estou viva
Eu estou viva

Agradecimentos

Meus mais sinceros agradecimentos aos editores das publicações nas quais vários desses poemas apareceram anteriormente: "pro moleque do caderno" em *Poetry* e em *The BreakBeat Poets: New American Poetry in the Age of Hip-Hop*; "Réquiem para a Quinta Aula e as Coisas que Aconteceram Depois" em *Bird's Thumb*; "Ao Prince" em *Drunk in a Midnight Choir*; "Manifesto da Manteiga de Karité", "soneto" e "O Dia da Chegada" no *Adroit Journal*; "por que você não pode encostar no meu cabelo" em *HEArt*; e "como cheguei aqui" no *Blackberry*. O ensaio lírico "Do que Estou Falando Quando Falo do Jesus Negro" apareceu pela primeira vez em *Seven Scribes*. O ensaio "Quinta de manhã, rua Newbury" foi publicado pela primeira vez na *Indiana Review*.

Agradeço aos meus ancestrais. Agradeço à minha família. Agradeço ao Damon por tudo, sempre, para sempre. Agradeço ao Nate por ser um ótimo editor e grande amigo. Agradeço ao Hanif, que é o melhor companheiro de coletivo que qualquer poeta poderia pedir. Agradeço à minha família de poesia imbatível: Alex e Amanda e avery e Britteney e Camonghne e Clint e Danez e Diamond e Fati e Febo e Franny e Jamila e Janae e Jason e Jayson e Jerriod e José e Idris e Keith e Kevin e Kiese e Kris e Krista e Kush e Mo e Morgan e Porsha e Ross e RJ e Safia e Sarah e Sofía e Tara e Ydalmi e ao restante de vocês em seu esplendor infinito. Agradeço à Tabia por ajudar este livro a encontrar um lugar no mundo. Agradeço a Juli, Jim e a todo mundo da *Haymarket Books* por acreditarem neste projeto. Agradeço a todos os Escribas. E em tudo que faço, tenho que agradecer a Abena e Celia e Deepa e Shauna e Steff. Tenho anjos ao meu redor. Vocês me mantêm protegida.

EVE L. EWING é escritora, acadêmica, artista e educadora de Chicago. Seu trabalho apareceu em diversas publicações como *Poetry*, *New Yorker*, *New Republic*, *Nation*, *Atlantic* e muitas outras. Ela leciona Sociologia na Faculdade de Serviço Social da Universidade de Chicago, onde pesquisa sobre racismo, desigualdade social e política urbana.

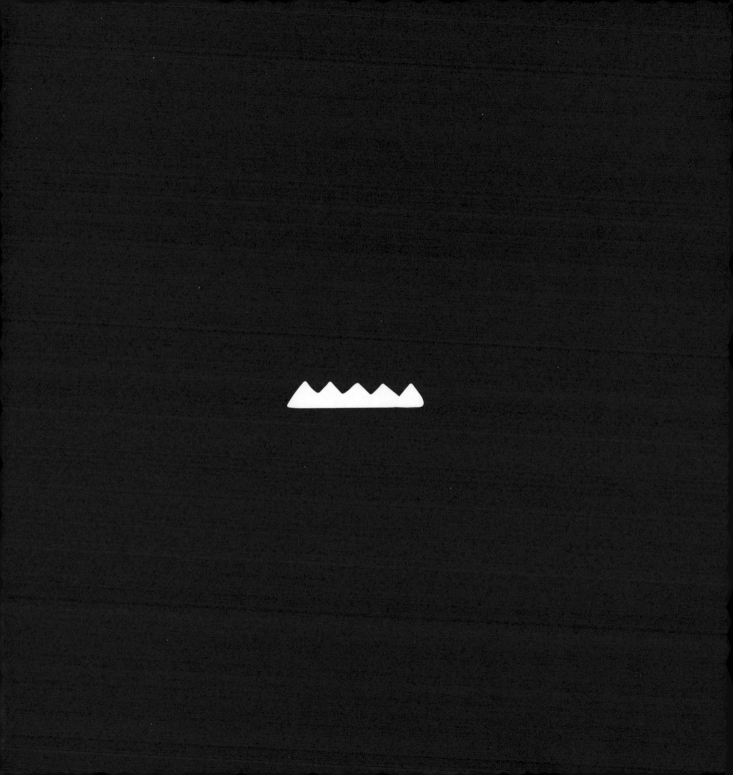

DARKLOVE.

▲▲▲▲▲

Para sobreviver,
Deixe o passado
Ensinar:
Antigos costumes,
Lutas,
Líderes e pensadores.
Deixe
Que eles
Te ajudem.
OCTAVIA E. BUTLER

DARKSINFROOKS.COM